U0514888

河南省文物考古研究院田野考古报告甲种 第61号

三门峡虢国墓

（第二卷）

第五册

河南省文物考古研究院
三门峡市文物考古研究所　编著
三门峡市虢国博物馆

文物出版社

北京·2023

The Guo State Cemetery in Sanmenxia (Vol. 2)

(V)

(With an English Abstract)

by

Henan Provincial Institute of Cultural Relics and Archaeology
Sanmenxia Municipal Institute of Cultural Relics and Archaeology
Sanmenxia Municipal Museum of Guo State

Cultural Relics Press
Beijing · 2023

彩　版（续）

1. M2009：174（正面）

2. M2009：174（背面）

3. M2009：173（正面）

4. M2009：173（背面）

5. M2009：575（正面）

6. M2009：575（背面）

M2009虎形玉佩

1. 虎形佩（M2009：821）正面

2. 虎形佩（M2009：821）侧面

3. 象形佩（M2009：761）正面

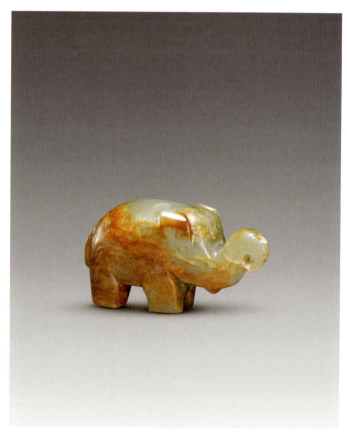

4. 象形佩（M2009：761）侧面

M2009玉佩

1. M2009：205

2. M2009：162

3. M2009：150

4. M2009：211

M2009鹿形玉佩

1. M2009：152

2. M2009：749

3. M2009：175

4. M2009：171

M2009鹿形玉佩

1. 鹿形佩（M2009：161）

2. 鹿形佩（M2009：193）

3. 兔形佩（M2009：151）

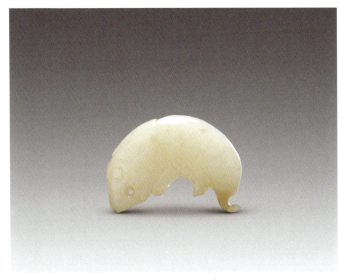

4. 兔形佩（M2009：798）

5. 兔形佩（M2009：947）

6. 兔形佩（M2009：990）

M2009玉佩

1. M2009：571（正面）

2. M2009：571（背面）

3. M2009：164（正面）

4. M2009：164（背面）

5. M2009：169（正面）

6. M2009：169（背面）

M2009牛形玉佩

1. M2009：165

2. M2009：895（正面）

3. M2009：895（侧面）

4. M2009：895（背面）

5. M2009：877（正面）

6. M2009：877（背面）

M2009牛形玉佩

1. 牛首形佩（M2009：845）正面

2. 牛首形佩（M2009：845）背面

3. 羊形佩（M2009：753）

4. 鹅形佩（M2009：765）

5. 鸬鹚形佩（M2009：904）

6. 鹦鹉形佩（M2009：183）

M2009玉佩

1. M2009：141   2. M2009：871

M2009凤形玉佩

1. M2009：144

3. M2009：762

2. M2009：170

4. M2009：172

M2009鹦鹉形玉佩

1. 鹦鹉形佩（M2009：142）

2. 鸟形佩（M2009：204）

3. 鸟形佩（M2009：823）正面

4. 鸟形佩（M2009：823）背面

M2009玉佩

1. M2009：569（正面）

2. M2009：569（背面）

3. M2009：847（正面）

4. M2009：847（背面）

M2009鸟形玉佩

1. M2009：824（正面）

2. M2009：824（背面）

3. M2009：852（正面）

4. M2009：852（背面）

M2009鸟形玉佩

1. M2009：192（正面）

2. M2009：192（背面）

3. M2009：846（正面）

4. M2009：846（背面）

M2009鸟形玉佩

1. M2009：842

2. M2009：837

3. M2009：831

4. M2009：766

5. M2009：894

6. M2009：860

M2009鸟形玉佩

1. 鸟形佩（M2009：887）

2. 燕形佩（M2009：768）

3. 燕形佩（M2009：781）

4. 燕形佩（M2009：867）

M2009玉佩

1. M2009：854

2. M2009：812

3. M2009：166（正面）

4. M2009：166（背面）

M2009燕形玉佩

1. M2009：176（正面）

4. M2009：187（正面）

2. M2009：176（侧面）

5. M2009：187（背面）

3. M2009：176（顶部）

6. M2009：187（侧面）

M2009号鸮形玉佩

1. 蜻蜓形佩（M2009：777）

2. 蝉形佩（M2009：797）

3. 蝉形佩（M2009：880）正面

4. 蝉形佩（M2009：880）背面

5. 蝉形佩（M2009：918）正面

6. 蝉形佩（M2009：918）背面

M2009玉佩

1. M2009：822（正面）

2. M2009：822（背面）

3. M2009：857

4. M2009：574

5. M2009：803（正面）

6. M2009：803（背面）

M2009蝉形玉佩

1. M2009：905

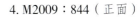

4. M2009：844（正面）

2. M2009：840

5. M2009：844（背面）

3. M2009：858

M2009蝉形玉佩

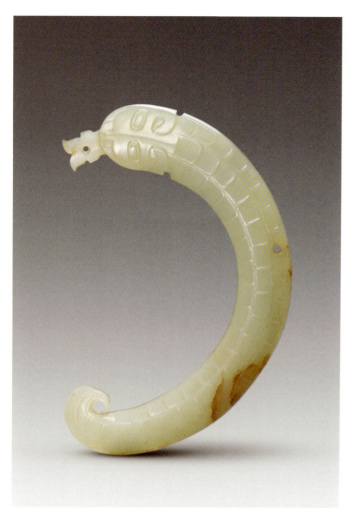

1. 蛇形佩（M2009：230）正面

2. 蛇形佩（M2009：230）背面

3. 鼠形佩（M2009：748）正面

4. 鼠形佩（M2009：748）背面

M2009玉佩

1. 蚕形佩（M2009：799）

2. 蚕形佩（M2009：179）

3. 龟形佩（M2009：805）正面

4. 龟形佩（M2009：805）背面

5. 龟形佩（M2009：232）正面

6. 龟形佩（M2009：232）背面

M2009玉佩

1. 蜘蛛形佩（M2009：870）正面

2. 蜘蛛形佩（M2009：870）背面

3. 龟形佩（M2009：207）正面

4. 龟形佩（M2009：207）背面

M2009玉佩

1. 鳖形佩（M2009：875）正面　　　　　　　2. 鳖形佩（M2009：875）背面

3. 长条鱼形佩（M2009：83）

4. 弓背鱼形佩（M2009：112）

M2009玉佩

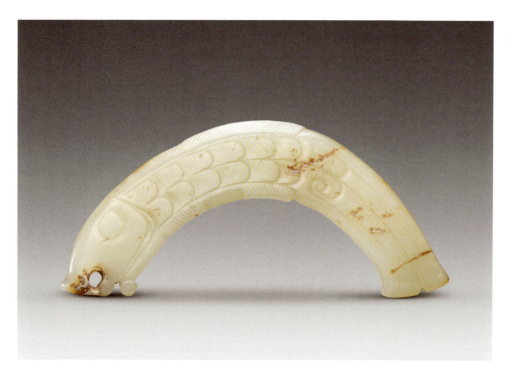

1. M2009：203

2. M2009：1007

3. M2009：825

4. M2009：2

M2009号背鱼形玉佩

1. 三棱鱼形佩（M2009：832）

2. 缠尾双龙纹玦（M2009：966）

3. 缠尾双龙纹玦（M2009：975）

4. 龙首戈形佩（M2009：916）

5. 鼓形佩（M2009：769）正面

6. 鼓形佩（M2009：769）底部

M2009玉佩、玦

1. 锤形佩（M2009：199）

2. 龙纹小环（M2009：252-1）

3. 龙纹小环（M2009：191）正面

4. 龙纹小环（M2009：191）背面

5. 素面小环（M2009：252-2）

6. 素面小环（M2009：132）

M2009玉佩、环

1. 素面小环（M2009：1030）

2. 鼓形珠（M2009：402）

3. 鼓形珠（M2009：403）

4. 尖尾双龙纹圆形管（M2009：924）

5. 弦纹圆形管（M2009：189）

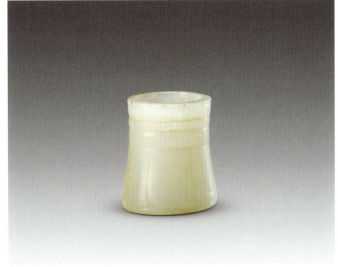

6. 弦纹圆形管（M2009：742）

M2009玉环、珠、管

1. 云雷纹圆形管（M2009：792）

2. 素面圆形管（M2009：154）

3. 素面圆形管（M2009：841）

4. 素面圆形管（M2009：1065）

5. 弦纹椭圆形管（M2009：882）

6. 云纹椭圆形管（M2009：922）

M2009玉管

1. 素面圆形管（M2009：782）

2. 王伯管（M2009：793）

3. 王伯管（M2009：793）铭文（放大）

1.方形管（M2009：759）

2.方形管（M2009：774）

3.扁圆形管（M2009：855）

4.兽蹄形管（M2009：746）

5.龟形管（M2009：921）

6.扇形佩（M2009：836）

M2009玉管、佩

1. 束绢形佩（M2009：878）正面

2. 束绢形佩（M2009：878）背面

3. 凤鸟纹圆形饰（M2009：889）正面

4. 凤鸟纹圆形饰（M2009：889）背面

M2009玉佩、饰

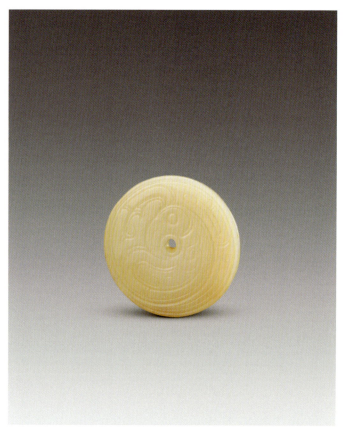

1. 凤鸟纹圆形饰（M2009：876）正面

2. 凤鸟纹圆形饰（M2009：876）背面

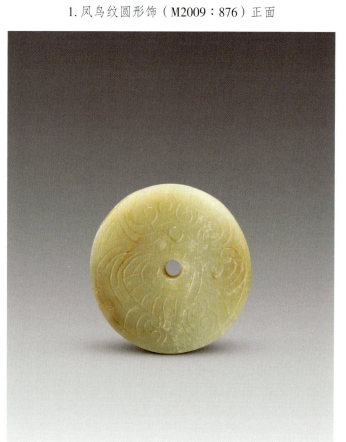

3. 龙纹圆形饰（M2009：890）正面

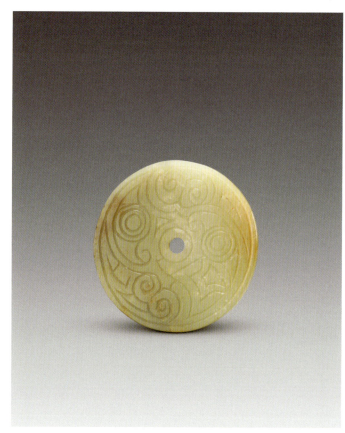

4. 龙纹圆形饰（M2009：890）背面

M2009玉饰

1. 龙纹圆形饰（M2009：804）正面

2. 龙纹圆形饰（M2009：804）背面

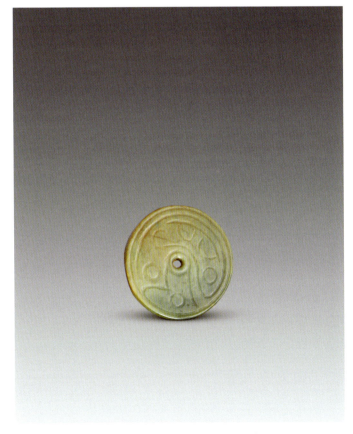

3. 龙纹圆形饰（M2009：872）

4. 素面圆形饰（M2009：856）

M2009玉饰

1. 素面圆形饰（M2009：795）

2. 素面圆形饰（M2009：902）

3. 方形饰（M2009：848）正面

4. 方形饰（M2009：848）背面

5. 凤鸟纹椭圆形饰（M2009：815）

6. 凤鸟纹椭圆形饰（M2009：818）

1. 双鸟纹纽形饰（M2009：820）

2. 勾云形饰（M2009：813）

3. "L" 形饰（M2009：806）

4. "L" 形饰（M2009：811）

M2009玉饰

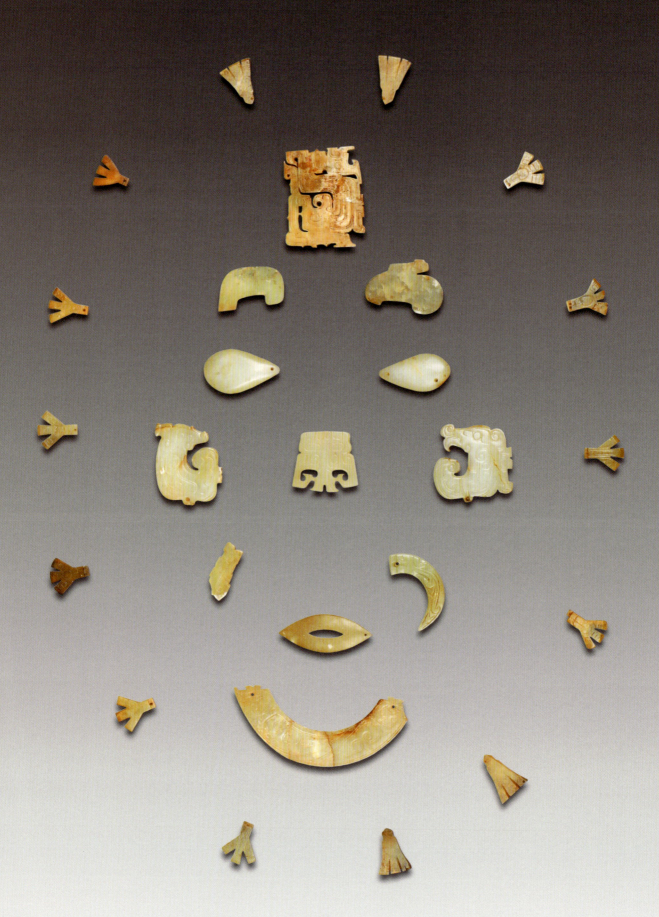

M2009缀玉幎目（M2009：982、M2009：977、M2009：978、M2009：956、M2009：957、M2009：964、
M2009：953、M2009：962、M2009：963、M2009：979、M2009：786、M2009：961、M2009：948、M2009：949、
M2009：969、M2009：971～M2009：974、M2009：986、M2009：987、M2009：991～M2009：995）

1. 额（M2009：982）

3. 右眉（M2009：978）

4. 左眼（M2009：956）

2. 左眉（M2009：977）

5. 右眼（M2009：957）

M2009缀玉幎目额、眉、眼

1. 左耳（M2009：964）

3. 鼻（M2009：962）

4. 左胡（M2009：963）

2. 右耳（M2009：953）

5. 右胡（M2009：979）

M2009缀玉幎目耳、鼻、胡

1. 口（M2009：786）

3. 三叉形片（M2009：948）

2. 下腭（M2009：961）

4. 三叉形片（M2009：949）

5. 三叉形片（M2009：991）

6. 三叉形片（M2009：992）

7. 三叉形片（M2009：993）

M2009缀玉幎目口、下腭、外侧轮廓三叉形片

1. M2009：994

2. M2009：995

3. M2009：969

4. M2009：987

5. M2009：986

6. M2009：974

7. M2009：973

8. M2009：972

9. M2009：971

M2009缀玉幎目外侧轮廓三叉形片

M2009口琀玉（M2009：983）

1. 圆扣形饰（M2009：983-1）　　2. 贝（M2009：983-4）　　3. 贝（M2009：983-7）

4. 贝（M2009：983-10）　　5. 贝（M2009：983-13）　　6. 贝（M2009：983-16）

7. 贝（M2009：983-19）　　8. 贝（M2009：983-22）　　9. 珠（M2009：983-24）

M2009口琀玉圆扣形饰、贝、珠

1. 左手握玉（M2009：1002）

2. 右手握玉（M2009：997）

M2009手握玉

1. M2009：1021

2. M2009：1022

3. M2009：1038

4. M2009：1039

M2009左脚趾夹玉

1. M2009：1018

2. M2009：1019

3. M2009：1020

4. M2009：1023

M2009右脚趾夹玉

1. 左踏玉（M2009：1024）

2. 右踏玉（M2009：1025）

M2009踏玉

1. 龙纹鞢（M2009：1001）

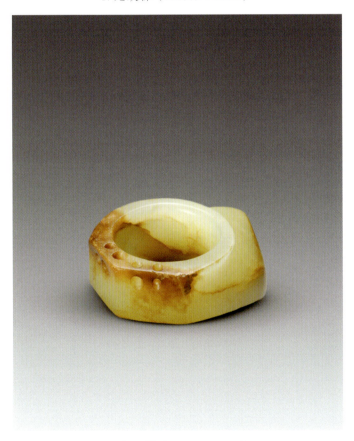

2. 兽面纹鞢（M2009：570）

3. 素面鞢（M2009：198）

4. 素面鞢（M2009：772）

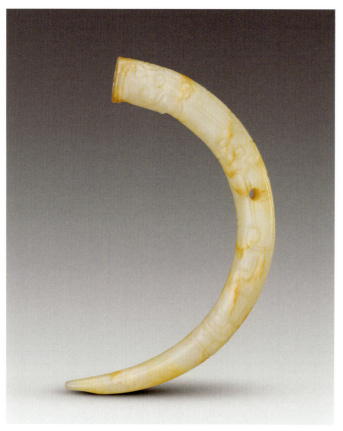

1. 盘龙形觿（M2009：763）正面

2. 盘龙形觿（M2009：763）背面

3. 獠牙形觿（M2009：1009）正面

4. 獠牙形觿（M2009：1009）背面

M2009玉觿

1. M2009：1016（正面）

2. M2009：1016（背面）

3. M2009：1000

4. M2009：999

M2009獠牙形玉觿

1. 削（M2009：747）

2. 削（M2009：775）

3. 刀（M2009：76）

M2009玉削、刀

1. M2009：108

2. M2009：94

3. M2009：106

M2009平刃玉匕

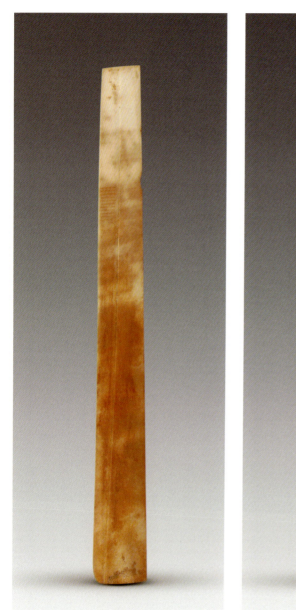

1. M2009：224

2. M2009：228-1

3. M2009：1014

M2009平刃玉匕

1. M2009：1015   2. M2009：117   3. M2009：126

M2009平刃玉匕

1. M2009：100   2. M2009：135   3. M2009：158

M2009平刃玉匕

1. 平刃匕（M2009：226）　　　2. 角刃匕（M2009：123）　　　3. 角刃匕（M2009：99）

M2009玉匕

1. M2009：116

2. M2009：119

3. M2009：95

M2009角刃玉匕

1. 角刃匕（M2009：227）

2. 单切角匕（M2009：124）

3. 单切角匕（M2009：82）

4. 单切角匕（M2009：97）

M2009玉匕

1. 双切角匕（M2009：125）

2. 凿（M2009：168）

3. 凿（M2009：160）

4. 兽面纹杖头（M2009：331）侧面

5. 兽面纹杖头（M2009：331）底面

M2009玉匕、凿、杖头

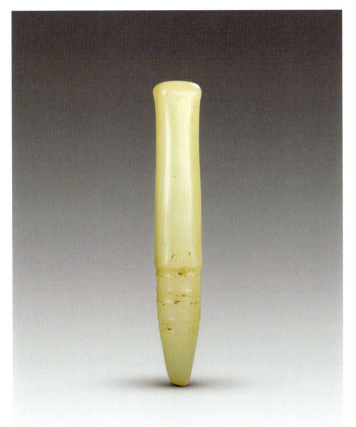

1. M2009：147

2. M2009：231

3. M2009：800

4. M2009：751

5. M2009：578

M2009玉笄

1. 龙首纹饰（M2009：785）

3. 兽面纹饰（M2009：920）

2. 兽面纹饰（M2009：755）

4. 凹弦纹腕形饰（M2009：1003）

M2009玉饰

M2009人面纹玉腕形饰（M2009：209）

1. M2009：750

2. M2009：754

3. M2009：865

M2009镯形玉饰

2. M2009：752

1. M2009：718

3. M2009：864

M2009圆锥状玉柄形器

1. M2009：87   2. M2009：104   3. M2009：937

M2009长条形玉柄形器

1. M2009：214   2. M2009：210-1   3. M2009：935

M2009长条形玉柄形器

1. M2009：711   2. M2009：868   3. M2009：838

M2009长条形玉柄形器

1. M2009：217

2. M2009：146

3. M2009：84

M2009长条形玉柄形器

2. M2009：891

1. M2009：127

3. M2009：936

M2009长条形玉柄形器

1. M2009：1013

2. M2009：1012

3. M2009：130

M2009长条形玉柄形器

1. 长条形柄形器（M2009：835）

2. 管状柄形器（M2009：156）

5. 长条形饰（M2009：218）

3. 多棱形柄形器（M2009：200）

4. 长条形饰（M2009：101）

M2009玉柄形器、饰

1. 长条形饰（M2009：917）

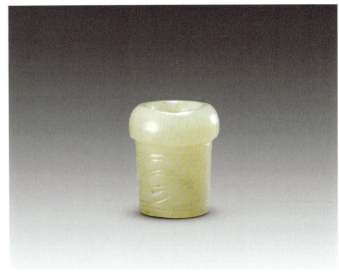

2. 蘑菇状饰（M2009：612）

3. 蘑菇状饰（M2009：910）

4. 蘑菇状饰（M2009：927）

5. 圆棒形饰（M2009：157）

6. 圆棒形饰（M2009：881）

M2009玉饰

1. 圆棒形饰（M2009：167）

2. 圆棒形饰（M2009：928）

3. 梭形饰（M2009：901）

4. 梭形饰（M2009：912）

M2009玉饰

1.圆纽扣形饰（M2009：933）

2.条形缀饰（M2009：210-2～
　M2009：210-14）

3.条形缀饰（M2009：210-15～
　M2009：210-27）

4.条形缀饰（M2009：228-2～
　M2009：228-13）

M2009玉饰、缀饰

1. M2009：118

2. M2009：908

M2009璜形玉器

M2009玉嵌饰（M2009：734-1～M2009：734-20）

1. 眼形嵌饰（M2009：734-1）　　2. 眼形嵌饰（M2009：734-2）　　3. 蝉形嵌饰（M2009：734-3）

4. 蝉形嵌饰（M2009：734-4）　　5. 蝉形嵌饰（M2009：734-5）　　6. 蝉形嵌饰（M2009：734-6）

7. 蝉形嵌饰（M2009：734-7）　　8. 蝉形嵌饰（M2009：734-8）　　9. 蝉形嵌饰（M2009：734-9）

M2009玉嵌饰

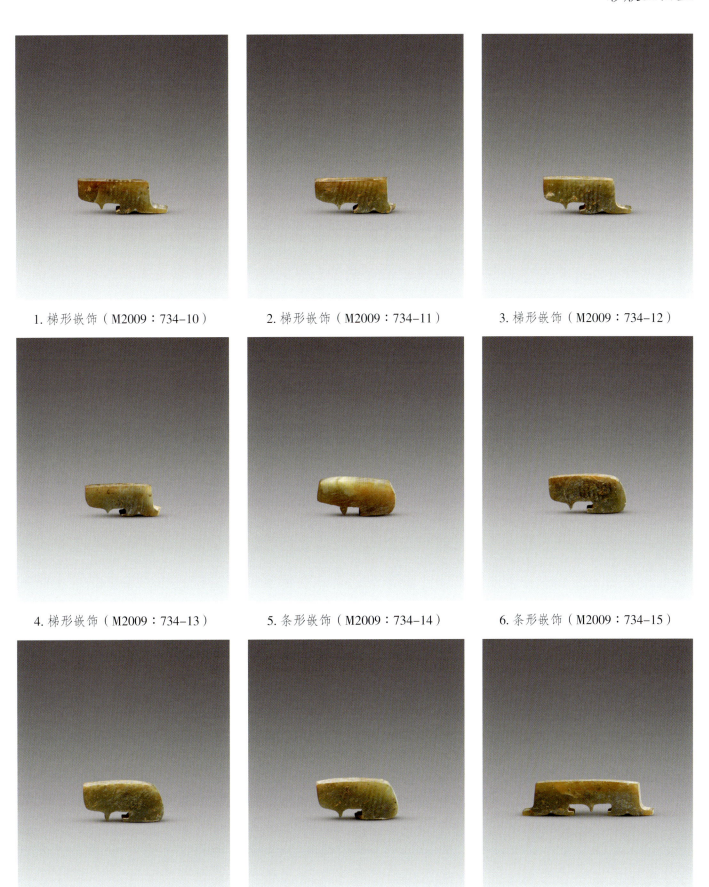

1. 梯形嵌饰（M2009：734-10）　　2. 梯形嵌饰（M2009：734-11）　　3. 梯形嵌饰（M2009：734-12）

4. 梯形嵌饰（M2009：734-13）　　5. 条形嵌饰（M2009：734-14）　　6. 条形嵌饰（M2009：734-15）

7. 条形嵌饰（M2009：734-16）　　8. 条形嵌饰（M2009：734-17）　　9. 条形嵌饰（M2009：734-18）

M2009玉嵌饰

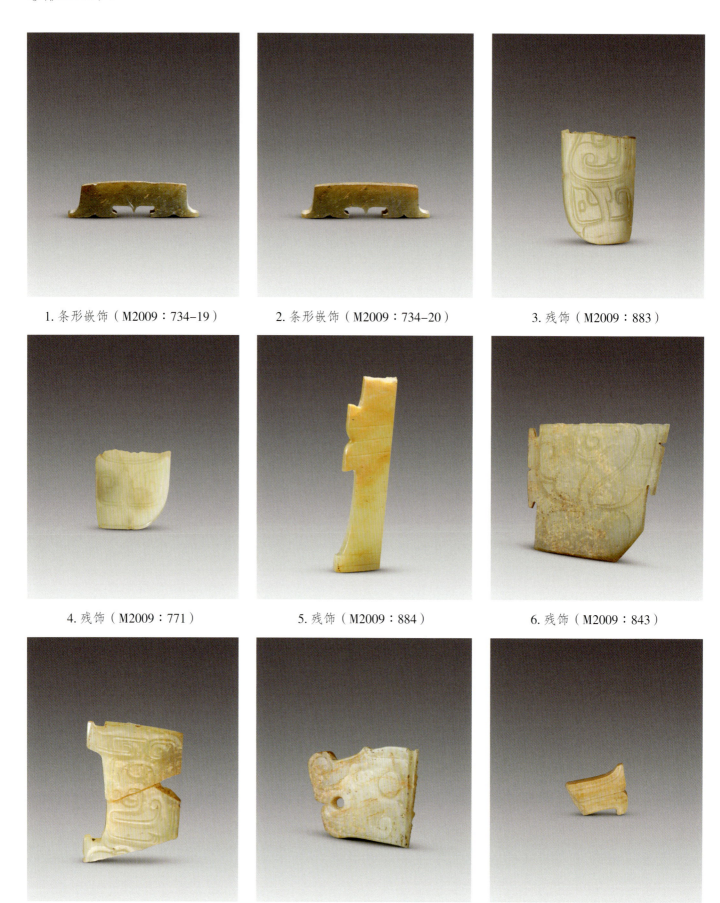

1. 条形嵌饰（M2009：734-19）　　2. 条形嵌饰（M2009：734-20）　　3. 残饰（M2009：883）

4. 残饰（M2009：771）　　5. 残饰（M2009：884）　　6. 残饰（M2009：843）

7. 残饰（M2009：914、M2009：929）　　8. 残饰（M2009：939）　　9. 残饰（M2009：779）

1. 残饰（M2009：794）

2. 残饰（M2009：976）

3. 长条形片（M2009：923）

4. 长条形片（M2009：787）

5. 长条形片（M2009：783）

M2009玉饰、片

1. 长条形片（M2009：885）

2. 长条形片（M2009：886）背面

3. 长条形片（M2009：770）

4. 长条形片（M2009：862）

5. 方形片（M2009：915）

6. 梯形片（M2009：863）

M2009玉片

1. 梯形片（M2009：849）

2. 梯形片（M2009：839）

3. 梯形片（M2009：873）

4. 圆形片（M2009：791）

5. 扇形片（M2009：790）背面

6. 马蹄形片（M2009：903）

M2009玉片

1. 圆弧形片（M2009：897）　　　2. 圆弧形片（M2009：930）　　　3. 三角形片（M2009：784）

4. 三角形片（M2009：853）　　　5. 刀形片（M2009：911）　　　6. 刀形片（M2009：913）

7. 鱼尾形片（M2009：776）　　　8. 不规则形片（M2009：900）　　　9. 不规则形片（M2009：850）

M2009玉片

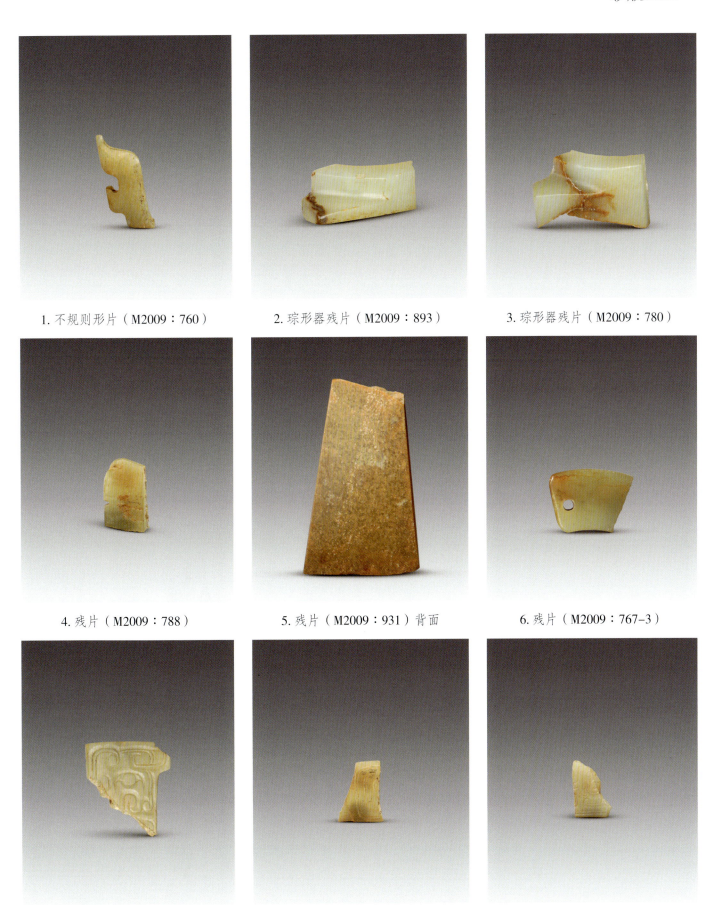

1. 不规则形片（M2009：760）　　2. 琮形器残片（M2009：893）　　3. 琮形器残片（M2009：780）

4. 残片（M2009：788）　　5. 残片（M2009：931）背面　　6. 残片（M2009：767-3）

7. 残片（M2009：919）　　8. 残片（M2009：773）　　9. 残片（M2009：851）

M2009玉片

1. 玉残片（M2009：778）　　　2. 玉残片（M2009：808）　　　3. 玉残片（M2009：828）

4. 玉残片（M2009：938）　　　5. 玉残片（M2009：767-1）　　　6. 玛瑙管（M2009：3）

7. 玉残片（M2009：981）　　　　　　　8. 玉残片（M2009：767-2）

M2009玉残片，玛瑙管

1. M2009：181

2. M2009：184

3. M2009：186

4. M2009：194

5. M2009：195

6. M2009：196

M2009龙纹圆形绿松石环

1. 素面圆形绿松石环（M2009：1031-2）

2. 素面圆形绿松石环（M2009：1029-1）

3. 素面圆形绿松石环（M2009：1029-3）

4. 兽面形绿松石饰（M2009：185）

5. 兽面形孔雀石饰（M2009：1-1）

6. 兽面形孔雀石饰（M2009：1-2）

M2009绿松石环、饰，孔雀石饰

1. 兽面形饰（M2009：1-3）

2. 兽面形饰（M2009：4-1）

3. 兽面形饰（M2009：4-2）

4. 兽面石饰（M2009：4-3）

5. 兽面形饰（M2009：4-4）

6. 方形饰（M2009：180）

M2009孔雀石饰

M2009石编磬（M2009：290、M2009：268、M2009：278、M2009：304、M2009：292、M2009：305、M2009：273、M2009：310）

M2009石编磬（明器）（M2009：269～M2009：272、M2009：275、M2009：277、M2009：274、
　　M2009：276）

1. 石贝（M2009：6-1～M2009：6-7）

2. 石匕（M2009：202）

3. 砺石（M2009：1059-1）

4. 砺石（M2009：1059-2）

M2009石贝、匕，砺石

1. M2009：122-1～M2009：122-23

2. M2009：131-1～M2009：131-15

M2009条形石缀饰

M2009陶锥足鬲（M2009：558）

M2009陶高领罐（M2009：561）

1. 陶珠（M2009：8-1、M2009：8-2、M2009：8-3）

2. 骨棺钉（M2009：7-111～M2009：7-113）

3. 骨管状帽（M2009：1063-1、M2009：1063-2）

4. 骨管（M2009：1063-3）

5. 骨锥形饰（M2009：909）

6. 残骨器（M2009：984）

M2009陶珠，骨棺钉、帽、管、锥形饰、残器

1. M2009：434、M2009：587-1、M2009：587-3、M2009：587-4、M2009：587-5

2. M2009：587-15、M2009：587-16、M2009：587-14、M2009：587-17

M2009骨小腰

1. 皮革甲片（M2009：1070-1）

2. 圆形蚌饰（M2009：603-1）

3. 圆形蚌饰（M2009：603-3）

M2009皮革残片，蚌饰

1. 圆形蚌饰（M2009：603-4）

2. 方形蚌饰（M2009：603-15）

3. 长方形蚌饰（M2009：739）

4. 蛤蜊壳（M2009：592-1）

5. 蛤蜊壳（M2009：592-2）

6. 蛤蜊壳（M2009：592-3）

M2009蚌饰，蛤蜊壳

1. 簋（M2009：1045）

3. 镞（M2009：1061-1）

2. 弓（M2009：637）

4. 弓（M2009：449-2）

M2009木簋、弓、镞

1. 镰（M2009：1058-1）

2. 小腰（M2009：92）

3. 长方形盒（M2009：661）

4. 长方形片饰（M2009：86）

M2009木镰、小腰、盒、片饰

1. M2009：105

2. M2009：114

3. M2009：140-1

M2009梯形木片饰

1. M2009：121-1   2. M2009：77   3. M2009：121-2   4. M2009：121-3

M2009锥形木饰

1. M2009：461-1

2. M2009：461-2

M2009彩绘残木器

1. 竹篮（M2009：71-1）

2. 竹席残片（M2009：26-1）

3. 竹席残片（M2009：26-2）

4. 残竹编器（M2009：26-3）

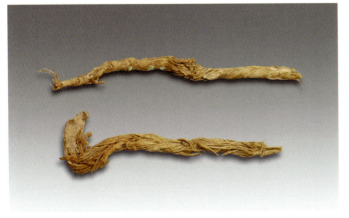

5. 残麻绳（M2009：53-2、M2009：53-1）

6. 枣刺（M2009：1073）

M2009竹器，麻绳，枣刺

1. 短裤（M2009：604-1）

2. 短裤（M2009：604-1）局部

3. 短褂（M2009：604-2）

M2009麻短裤、短褂

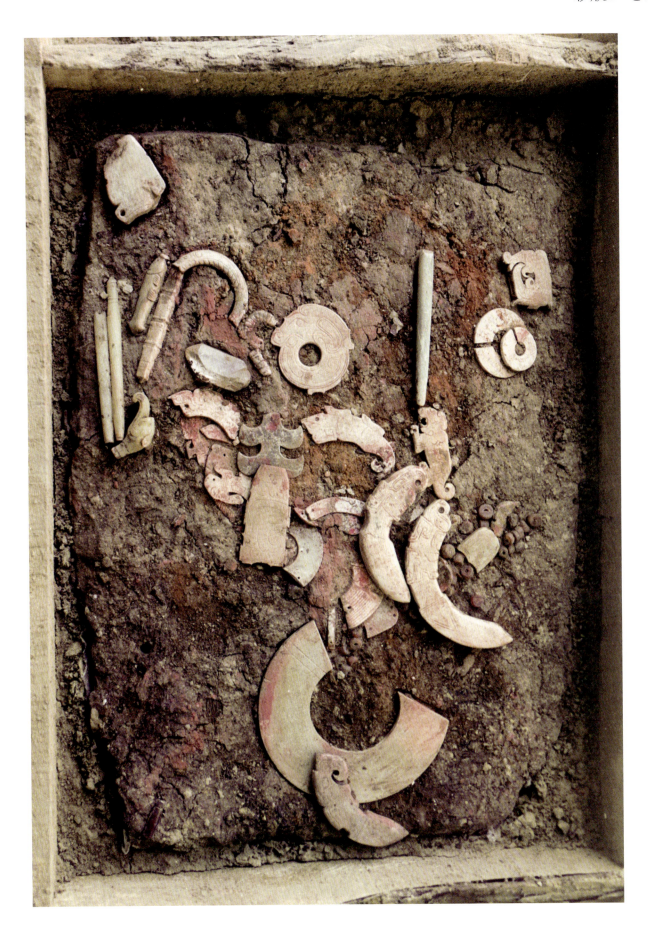

M2006棺内北部随葬器物（由上向下）

M2006棺内南部随葬器物（由上向下）

M2006垂鳞纹铜列鼎（M2006：60、M2006：54、M2006：59）

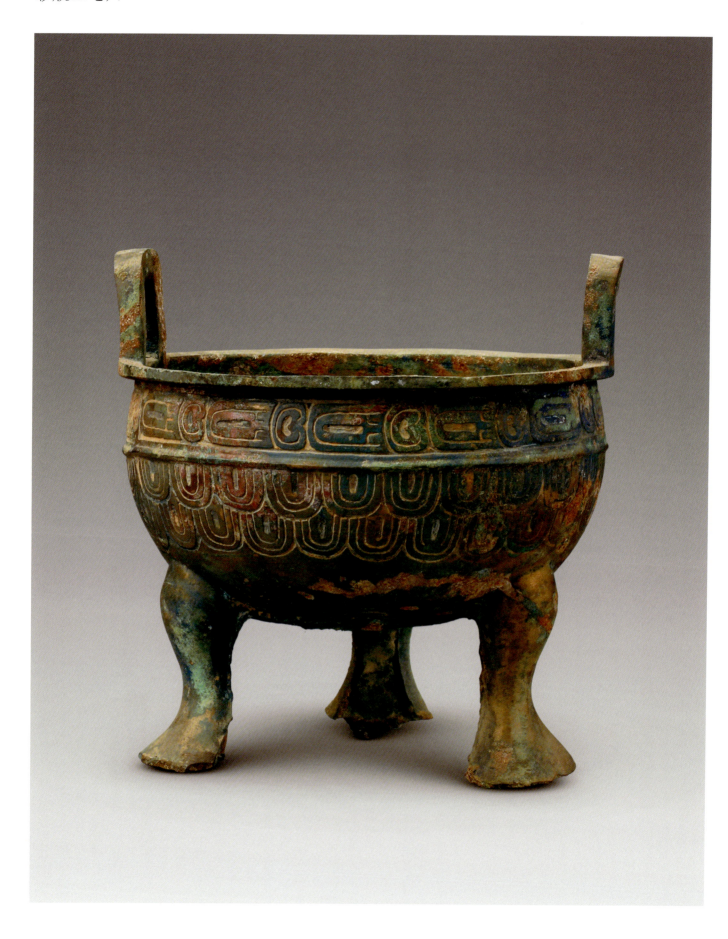

M2006垂鳞纹铜鼎（M2006：60）

M2006垂鳞纹铜鼎（M2006：54）

M2006垂鳞纹铜鼎（M2006：59）

M2006 "C" 形窃曲纹铜鬲（M2006：51、M2006：56、M2006：62、M2006：63）

M2006 "C" 形窃曲纹铜鬲（M2006：51）

M2006 "C" 形窃曲纹铜鬲（M2006∶56）

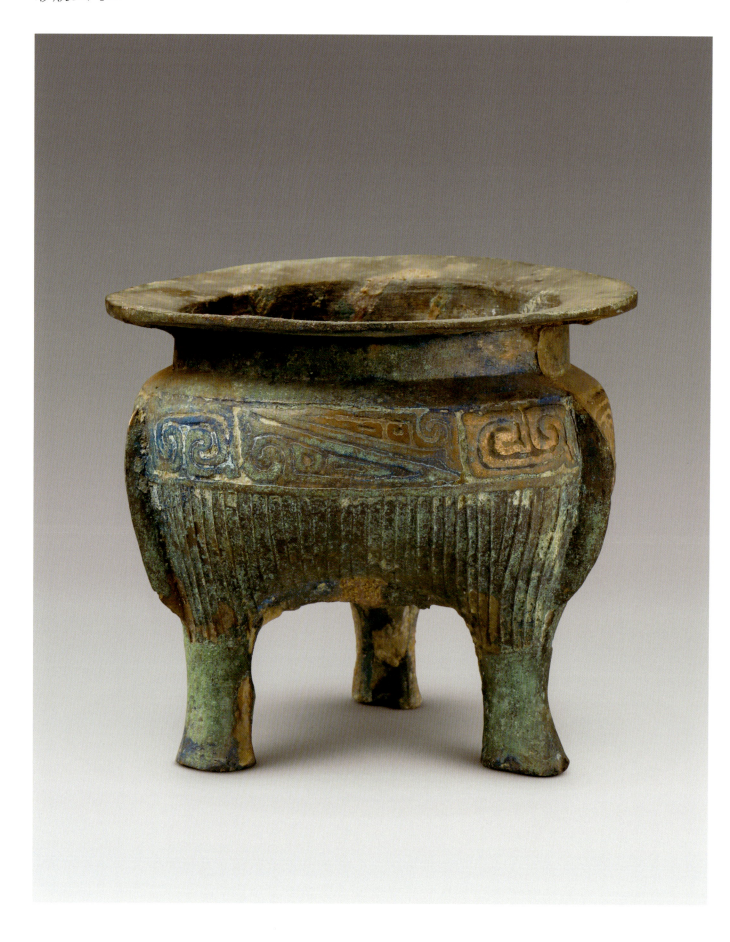

M2006 "C" 形窃曲纹铜鬲（M2006：62）

M2006 "C" 形窃曲纹铜鬲（M2006：63）

M2006波曲纹铜方甗（M2006：57）

M2006孟姞铜盨（M2006：55）

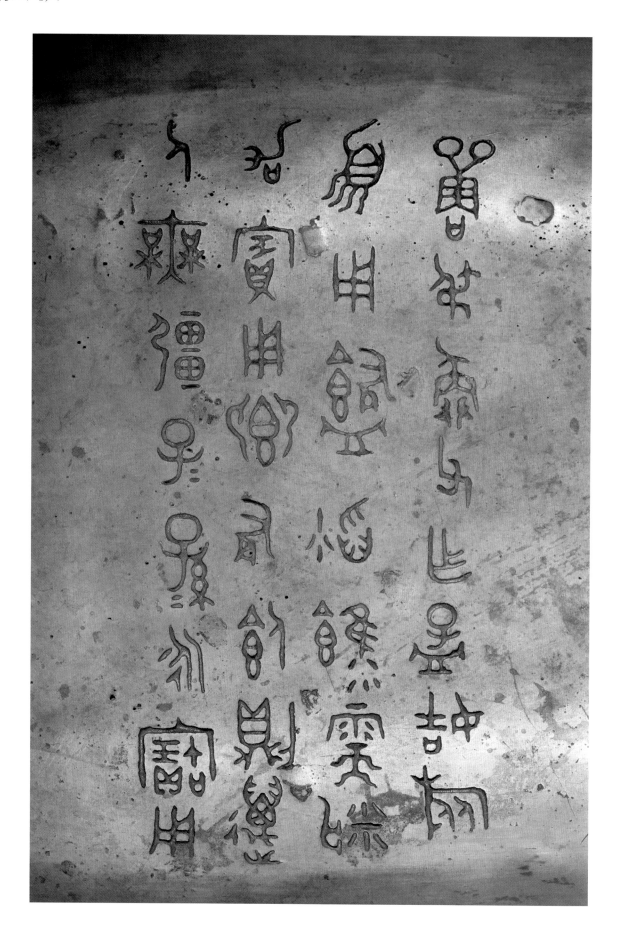

M2006孟姞铜盨（M2006：55）盖铭

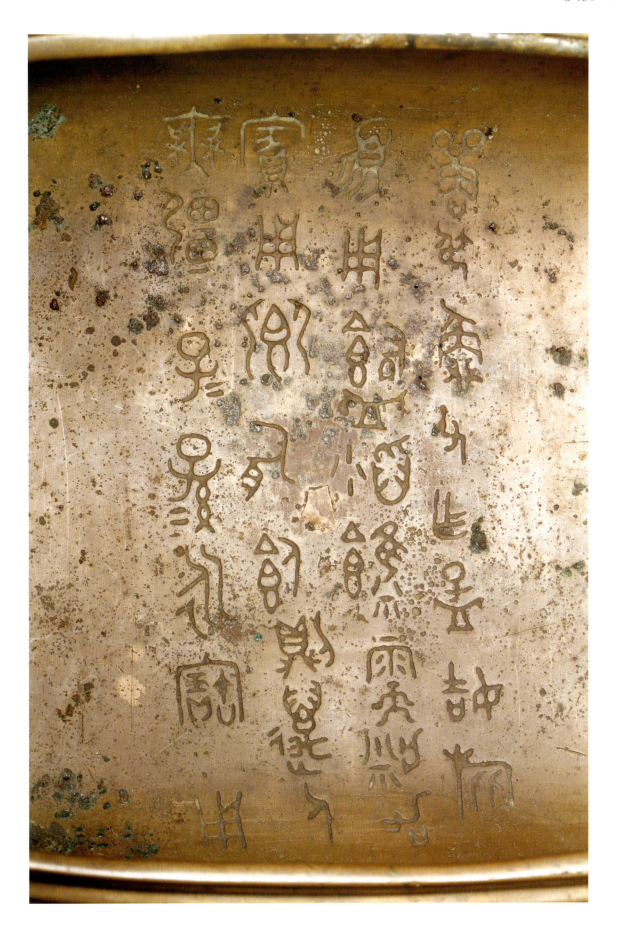

M2006孟姞铜盨（M2006：55）器铭

M2006孟姞铜盨（M2006：61）

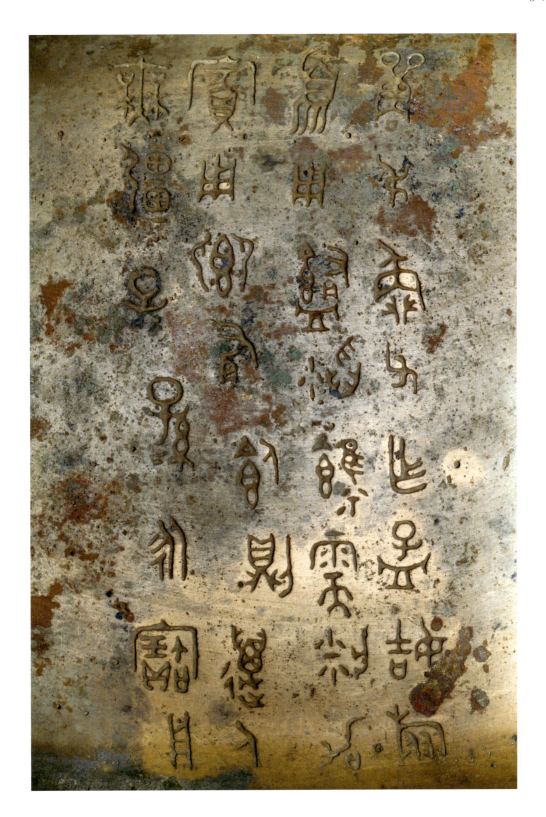

M2006孟姞铜盨（M2006：61）器铭

M2006丰白铜匿（M2006：64）

1. 盖铭　　　　　　　　　　　2. 器铭

M2006丰白铜匜（M2006：64）铭文

M2006重环纹铜圆壶（M2006：52-1、M2006：52-2）

M2006重环纹铜圆壶（M2006：53-1、M2006：53-2）

M2006 "C" 形窃曲纹铜盘（M2006：58）

1. 重环纹盉（M2006：36）

2. 素面方彝（M2006：50）

3. 双耳尊（M2006：47）

M2006铜盉、方彝、尊（明器）

1. 菌柱爵（M2006：49）

2. 素面觯（M2006：48）

M2006铜爵、觯（明器）

1. 重环纹軎（M2006：37）

2. 重环纹軎（M2006：39）

3. 兽首形辖（M2006：38、M2006：40）

M2006铜軎、辖

1. 衔（M2006：26、M2006：28）

2. 龙首镳（M2006：27-1、M2006：27-2、
   M2006：29-1、M2006：29-2）

3. 云雷纹铃（M2006：21、M2006：33、
   M2006：35）

4. 节约（M2006：32-1、M2006：32-5、
   M2006：32-9）

M2006铜衔、镳、铃、节约

1. 络饰（M2006：31-1、M2006：31-4）

2. 兽首形带扣（M2006：10）

3. 兽首形带扣（M2006：12）

4. 竹节形扁小腰（M2006：30-1、M2006：30-2）

5. 鱼（M2006：1-1）

M2006铜络饰、带扣、小腰、鱼

1. 铜鱼（M2006：1-2）

2. 铜鱼（M2006：1-3）

3. 鱼形玉璜（M2006：102）

4. 素面玉璜（M2006：103）

M2006铜鱼，玉璜

1. 宽援戈（M2006：45）

2. 素面璋（M2006：15）　　　3. 圭（M2006：24）　　　4. 圭（M2006：22-1）

M2006玉戈、璋、圭

M2006玛瑙珠、玉佩组合项饰（M2006：90）复原

1. 团身龙形佩（M2006：90-1）正面

2. 团身龙形佩（M2006：90-1）背面

3. 马蹄形佩（M2006：90-16）正面

4. 马蹄形佩（M2006：90-16）背面

M2006玛瑙珠、玉佩组合项饰（M2006：90）玉佩

M2006玛瑙珠、管组合胸佩（M2006：94）复原

M2006玉发饰组合复原

1. M2006：83（正面）

2. M2006：83（背面）

3. M2006：85（正面）

4. M2006：85（背面）

M2006衔尾盘龙形玉佩

1. 龙首璜形佩（M2006：79）

2. 牛形佩（M2006：73）

3. 虎形佩（M2006：86）

4. 鱼形佩（M2006：77）

M2006玉佩

1. 鱼形玉佩（M2006：78）

2. 蚕形玉佩（M2006：81）

3. 蚕形玉佩（M2006：82）

4. 水晶（M2006：80）

M2006玉佩，水晶

1. 笄（M2006：74）

2. 笄（M2006：75）

3. 笄（M2006：84）

4. 笄首（M2006：76）

M2006玉笄、笄首

1. M2006：88（正面）

2. M2006：88（背面）

3. M2006：91（正面）

4. M2006：91（背面）

M2006人纹及龙纹玉玦

1. 刻纹玦（M2006：87）

2. 刻纹玦（M2006：92）

3. 夔龙形佩（M2006：95）

4. 龙形佩（M2006：101）

M2006玉玦、佩

1. 双人纹兽形佩（M2006：：100）正面

2. 双人纹兽形佩（M2006：100）背面

3. 狗形佩（M2006：97）

4. 鸽形佩（M2006：96）

5. 鸟形佩（M2006：98）

6. 鸟形佩（M2006：99）

M2006玉佩

M2006缀玉幎目（M2006：89）

1. 额（M2006：89-1）

2. 左眉（M2006：89-2）

3. 右眉（M2006：89-3）

4. 左眼（M2006：89-4）

M2006缀玉幎目额、眉、眼

1..右眼（M2006：89-5）

4. 鼻（M2006：89-8）

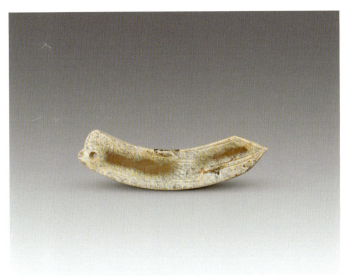

2. 左下眼睑（M2006：89-6）

3. 右下眼睑（M2006：89-7）

5. 口（M2006：89-11）

M2006缀玉幎目眼、下眼睑、鼻、口

1. 左耳（M2006：89-9）

3. 左腮（M2006：89-12）

4. 右腮（M2006：89-13）

2. 右耳（M2006：89-10）

5. 下腭（M2006：89-14）

M2006缀玉幎目耳、腮、下腭

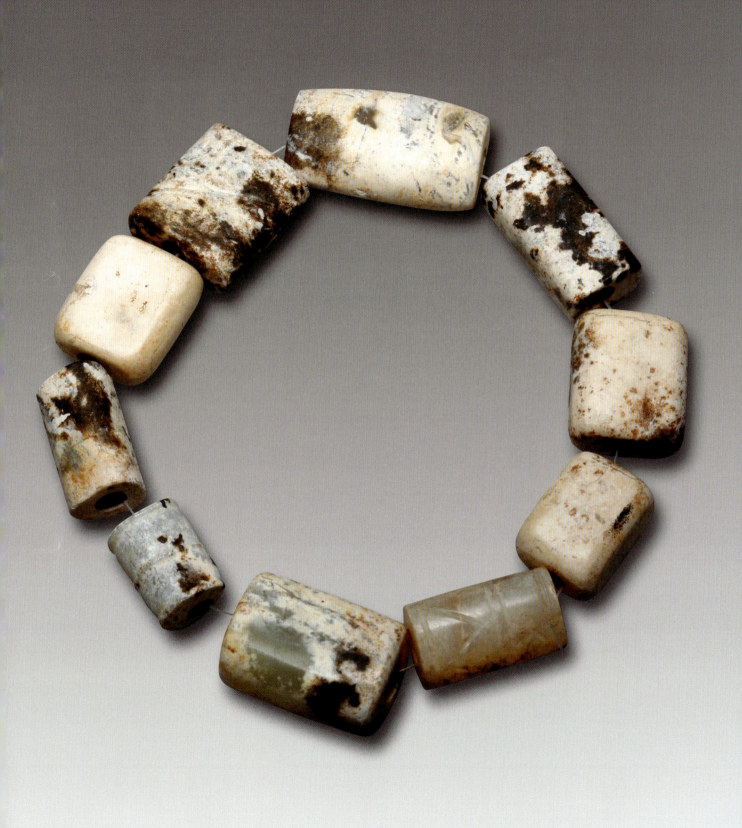

M2006口琀玉（M2006：93）复原

1. 左手握玉（M2006：105）

2. 右手握玉（M2006：104）

3. 王白艦（M2006：71）

4. 王白艦（M2006：71）铭文（放大）

M2006手握玉，王白艦

1. M2006：69（正面）

2. M2006：69（背面）

3. M2006：70（正面）

4. M2006：70（背面）

M2006虎纹玉觿

1. M2006：17   2. M2006：18   3. M2006：23

M2006平刃玉匕

1. M2006：8（背面）　　　2. M2006：14（背面）　　　3. M2006：22-2（背面）

M2006平刃玉匕

1. 角刃匕（M2006：6）

2. 角刃匕（M2006：16）

5. 柄形器（M2006：106）

3. 角刃匕（M2006：22-3）

4. 条形饰（M2006：13）

M2006玉匕、饰、柄形器

1. M2006：19

2. M2006：7

3. M2006：20

M2006条形玉饰

2. 璜形玉器（M2006∶72）

1. 条形玉饰（M2006∶22-4）

3. 石戈（M2006∶25）

M2006玉饰、璜形器，石戈

1. 石贝（M2006：42-1、M2006：42-2）

2. 骨贝（M2006：41-1、M2006：41-2）

3. 圆形蚌饰（M2006：44-1～M2006：44-4）

4. 蛤蜊壳（M2006：43-1、M2006：43-2）

M2006石贝，骨贝，蚌饰，蛤蜊壳

1. 锥足鬲（M2006：67）

2. 敞口溜肩罐（M2006：46）

M2006陶鬲、罐

M2010墓底随葬器物（由上向下）

M2010铜鼎（M2010：43、M2010：46、M2010：119、M2010：29、M2010：22）

M2010 "C" 形窃曲纹铜鼎（M2010∶43）

M2010 "C" 形窃曲纹铜鼎（M2010：46）

M2010 "C" 形窃曲纹铜鼎（M2010：119）

1. M2010：29

2. M2010：22

M2010重环纹铜鼎

M2010波曲纹铜方甗（M2010：28）

M2010 "S" 形窃曲纹铜簋（M2010：23-1、M2010：23-2，M2010：24-1、M2010：24-2，M2010：25-1、M2010：25-2，M2010：26-1、M2010：26-2）

1. M2010：23-1、M2010：23-2

2. M2010：24-1、M2010：24-2

M2010 "S" 形窃曲纹铜簋

1. M2010：25-1、M2010：25-2

2. M2010：26-1、M2010：26-2

M2010 "S" 形窃曲纹铜簋

M2010波曲纹铜方壶（M2010：117-1、M2010：117-2）

M2010波曲纹铜方壶（M2010：47-1、M2010：47-2）

1. "C" 形窃曲纹盘（M2010∶21）

2. "C" 形窃曲纹匜（M2010∶50）

M2010铜盘、匜

1. M2010：35-1、M2010：35-2

2. M2010：110

M2010铜戈

1. 矛（M2010：75）

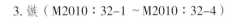

3. 镞（M2010：32-1 ～ M2010：32-4）

2. 矛（M2010：30）

4. 镞（M2010：92-1 ～ M2010：92-5）

M2010铜矛、镞

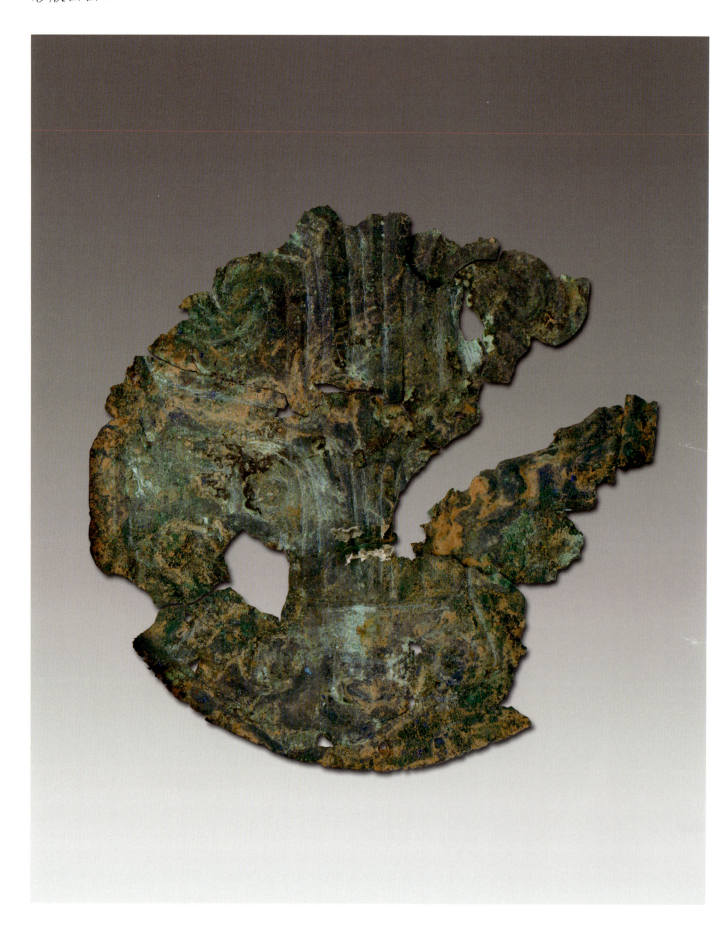

M2010铜箭箙（M2009：113）

1. 斧（M2010：121）　　　　2. 锛（M2010：120）　　　　3. 凿（M2010：122）

M2010铜斧、锛、凿

1. 重环纹軎（M2010：82）　　2. "S"形窃曲纹軎（M2010：77）　　3. 多棱形軎（M2010：106）

4. "S"形窃曲纹軎（M2010：80）　　　　5. 多棱形軎（M2010：52）

M2010铜軎

1.兽首形辖（M2010：84、M2010：81、M2010：54）

2.銮铃（M2010：60）

M2010铜辖、銮铃

1. 衔（M2010：66、M2010：98）

2. 无首镳（M2010：72-1、M2010：72-2）

3. 圆首镳（M2010：63-1、M2010：63-2）

M2010铜衔、镳

1. 圆首镳（M2010：65-1、M2010：65-2）

2. 蝉纹十字形节约（M2010：69-5）　　3. 兽面纹十字形节约（M2010：69-3）　　4. 兽面纹十字形节约（M2010：69-4）

5. "X"形节约（M2010：69-2）　　　　6. 络饰（M2010：70-1）　　　　7. 络饰（M2010：70-2）

M2010铜镳、节约、络饰

1. 兽首形带扣（M2010：76）

2. 兽首形带扣（M2010：93）

3. 兽首形带扣（M2010：78）

4. 扁筒形带扣（M2010：116）

M2010铜带扣

1. 牛首形带扣（M2010：74-1）

2. 多棱形扁小腰（M2010：73-3）

3. 竹节形扁小腰（M2010：73-1）

4. 兽首形扁小腰（M2010：73-2）

5. 兽首形扁小腰（M2010：73-7）

6. 小环（M2010：132-1、M2010：132-2）

M2010铜带扣、扁小腰、环

1. 大环（M2010：49）

2. 大环（M2010：109）

3. 小铃（M2010：126）

4. 小铃（M2010：127）

5. 鱼（M2010：3-1）

M2010铜环、小铃、鱼

1. 鱼（M2010：3-2）

2. 鱼（M2010：3-3）

3. 长方钮合页（M2010：37）

4. 长方钮合页（M2010：36）

M2010铜鱼、合页

1. 璜（M2010：138）

2. 戈（M2010：18）

3. 玦（M2010：134）　　　　4. 玦（M2010：135）　　　　5. 管（M2010：136）

M2010玉璜、戈、玦、管

1. 鹦鹉形佩（M2010：139）

2. 左手握玉（M2010：143）

3. 右手握玉（M2010：142）

4. 夔龙形口琀玉（M2010：137-6）

5. 鱼形口琀玉（M2010：137-2）

M2010玉佩，手握玉，口琀玉

1. 蚕形口琀玉（M2010：137-7）

2. 蚕形口琀玉（M2010：137-8）

3. 鱼尾形口琀玉（M2010：137-3）

4. 凤尾形口琀玉（M2010：137-4）

5. 条形坠口琀玉（M2010：137-1）

6. 口琀玉残片（M2010：137-5）

M2010口琀玉

1. 平刃匕（M2010：17）　　　2. 平刃匕（M2010：27）　　　3. 角刃匕（M2010：140）

M2010玉匕

1. 角刃匕（M2010：14-1）
（背面）

2. 角刃匕（M2010：19）
（背面）

3. 双切角匕（M2010：11）
（背面）

4. 柄形器（M2010：141）

5. 半圆形片（M2010：5）

M2010玉匕、柄形器、片

1. 戈（M2010：44）

2. 戈（M2010：15）

3. 匕（M2010：12）

4. 匕（M2010：13-1）（左）、条形缀
饰（M2010：13-2～13-11）（右）

M2010石戈、匕、条形缀饰

2. 石贝（M2010：1）

1. 石匕（M2010：16-1）（右）、条形缀饰
（M2010：16-2～M2010：16-21）（左）

3. 陶珠（M2010：2）

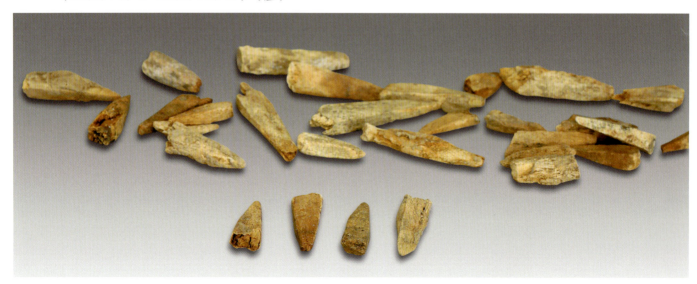

4. 骨钉（M2010：41）

M2010石匕、条形缀饰、贝，陶珠，骨钉

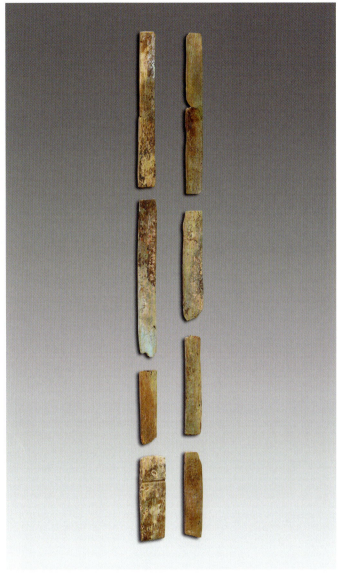

1. 象牙缀饰（M2010：14-2～M2010：14-9）

3. 蛤蜊壳（M2010：131）

4. 蛤蜊壳（M2010：130）

2. 圆形蚌饰（M2010：4-4、M2010：4-5、M2010：4-2、M2010：4-1、M2010：4-3）

M2010象牙缀饰，蚌饰，蛤蜊壳

M2013铜鼎（M2013：4、M2013：3、M2013：1）

M2013 "C" 形窃曲纹铜鼎（M2013：4）

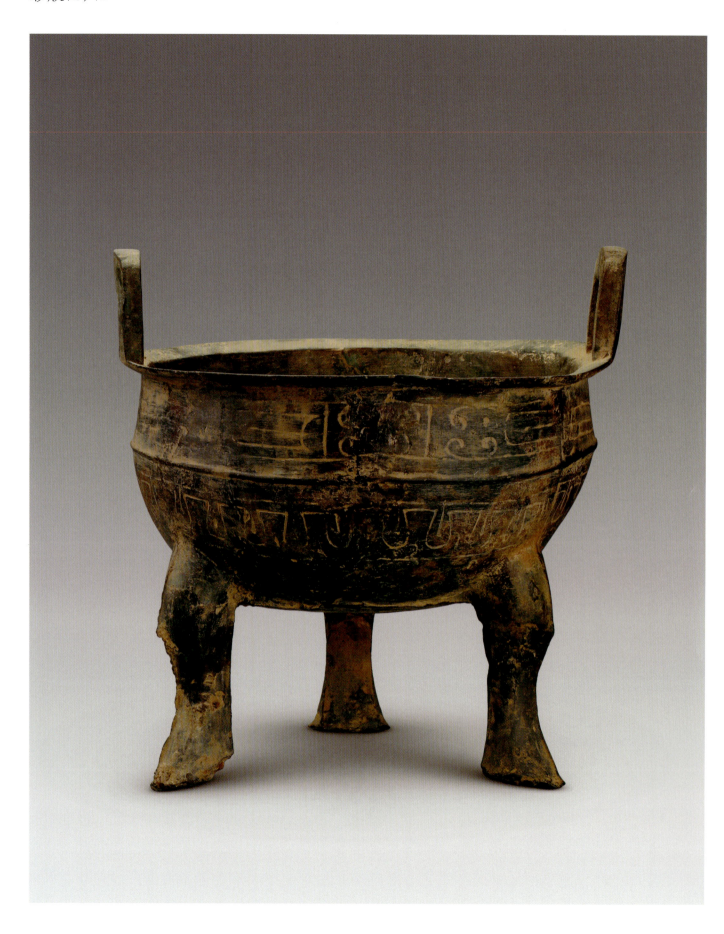

M2013无珠重环纹铜鼎（M2013：3）

M2013 "S" 形窃曲纹铜鼎（M2013：1）

1. 醜姜匜

2. 铭文

M2013醜姜铜匜（M2013：2）

1. 曲体龙纹匜（M2013：5）

2. 凸弦纹盘（M2013：6）

M2013铜匜、盘

1. 季隈父匜

2. 铭文

M2013季隈父铜匜（M2013：18）

1. 兽首形辖（M2013：26、
   M2013：27）

2. 衔（M2013：8、M2013：7）

3. 龙首镳（M2013：10、
   M2013：9）

M2013铜辖、衔、镳

1. 銮铃（M2013：16）

2. 銮铃（M2013：17）

3. 蝉纹十字形节约（M2013：14-2）

4. 蝉纹十字形节约（M2013：14-3）

5. 兽面纹十字形节约（M2013：14-1）

6. "X"形节约（M2013：13-1）

7. 络饰（M2013：15-1）

M2013铜銮铃、节约、络饰

1. 小铃（M2013：21）

2. 小铃（M2013：20）

3. 小铃（M2013：28）

4. 鱼（M2013：23–1）

5. 鱼（M2013：23–76）

M2013铜铃、鱼

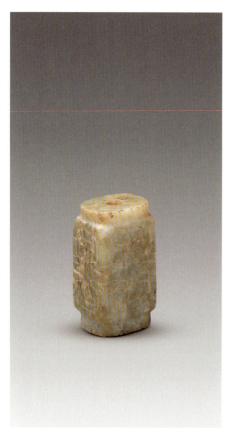

1. 琮（M2013：31）

2. 璧（M2013：43）

3. 戈（M2013：19）

M2013玉琮、璧、戈

M2013玛瑙珠、玉佩组合项饰（M2013：44）复原

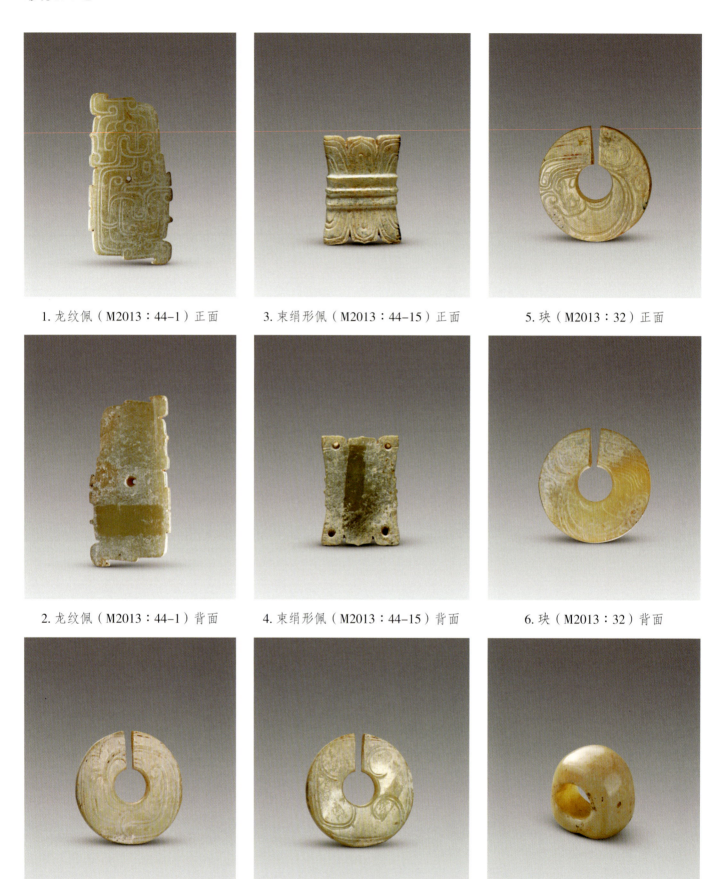

1. 龙纹佩（M2013：44-1）正面　　　3. 束绢形佩（M2013：44-15）正面　　　5. 玦（M2013：32）正面

2. 龙纹佩（M2013：44-1）背面　　　4. 束绢形佩（M2013：44-15）背面　　　6. 玦（M2013：32）背面

7. 玦（M2013：33）正面　　　8. 玦（M2013：33）背面　　　9. 管状饰（M2013：30）

M2013玉佩组合项饰（M2013：44）佩、玦、管状饰

1. 鸟形口琀玉（M2013：34）

2. 鱼形口琀玉（M2013：35）

3. 长方形口琀玉（M2013：42）

4. 口琀玉残片（M2013：41）

5. 玉球（M2013：29）

6. 石贝（M2013：25-4、M2013：25-5、M2013：25-7）

M2013口琀玉，玉球，石贝

1. 石贝（M2013：25-6、M2013：25-2、M2013：25-24）

2. 陶珠（M2013：24-299、M2013：24-1、M2013：24-2）

3. 骨棺钉（M2013：45-1、M2013：45-30）

4. 蛤蜊壳（M2013：22-1、M2013：22-51）

M2013石贝，陶珠，骨棺钉，蛤蜊壳

4号车马坑（M2013CHMK4）

1. 虢宫父铜鬲

2. 铭文

M2008虢宫父铜鬲（M2008：13）

1. 虢宫父鬲

2. 铭文

M2008虢宫父铜鬲（SG：049）

M2008 "S" 形窃曲纹铜簋（M2008：8）

1. 重环纹簋（M2008：7）（明器）

2. 波曲匜（M2008：41）

M2008铜簋、匜

M2008波曲纹铜方壶（M2008：12、M2008：47）

1. "S" 形窃曲纹方壶盖（M2008：16）

2. 重环纹盘（M2008：9）

M2008铜方壶盖、盘

1. 虢宫父盘

2. 铭文

SG虢宫父铜盘（SG：060）

1. 虢宫父匜

2. 铭文

M2008虢宫父铜匜（M2008：42）

1. 素面方彝（M2008：14）　　　　　　　　　　2. 素面方彝（M2008：15）

3. 素面爵（M2008：11）

M2008铜方彝、爵（明器）

1. M2008：1

2. M2008：2

M2008长胡五穿铜戈

1. 中胡无穿戈（M2008：31）（明器）

2. 双翼内收形镞（M2008：54）

3. 无翼方锥锋镞（M2008：65）

M2008铜戈、镞

1. 多棱形軎（M2008：49、M2008：50）

2. 素面辖（M2008：29、M2008：51）

3. 衔（M2008：27、M2008：43）

4. 无首镳（M2008：40-1、
M2008：40-2）

M2008铜軎、辖、衔、镳

1. 龙首镰（M2008：28-1、M2008：28-2）

2. 环首镰（M2008：70-1、M2008：70-2）

M2008铜镰

1. 蝉纹十字形节约（M2008：22-8）　　2. 兽面纹十字形节约（M2008：22-1）　　3. "X"形节约（M2008：22-14）

4. 有箍络饰（M2008：23-1）　　5. 有箍络饰（M2008：23-7）　　6. 有箍络饰（M2008：23-8）

7. 素面络饰（M2008：23-2）　　8. 素面络饰（M2008：23-3）　　9. 素面络饰（M2008：23-4）

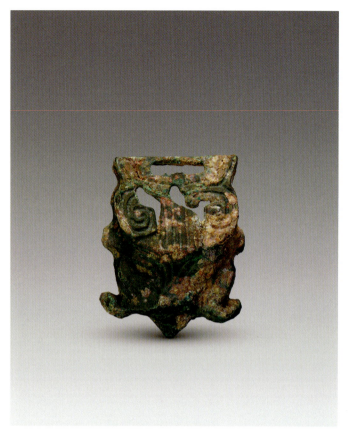

1. M2008：36

2. M2008：35

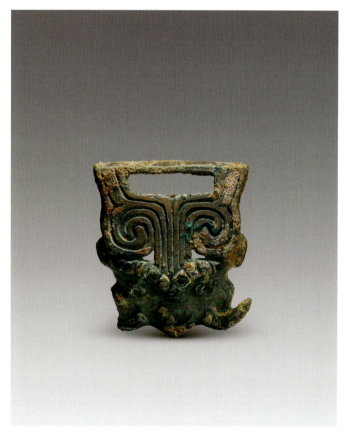

3. M2008：34

4. M2008：38

M2008兽首形大铜带扣

1. 兽首形小带扣（M2008：58）

2. 牛首形带扣（M2008：68-1）

3. 牛首形带扣（M2008：68-2）

4. 小环（M2008：74）

5. 小铃（M2008：48、M2008：53）

M2008铜带扣、小环、小铃

1. 鱼（M2008：17-1）

2. 鱼（M2008：17-2）

3. 鱼（M2008：17-3）

4. 翣（M2008：5）

M2008铜鱼、翣

2. 长方钮合页（M2008：24～M2008：26）

1. 薄片饰（M2008：72）　　　　3. 圆銎锥形饰（M2008：57）　　　　4. 玉管（M2008：61）

5. 石柱状饰（M2008：60）　　　　6. 石贝（M2007：1-1～M2007：1-3）

M2008铜薄片饰、合页、锥形饰，玉管，石柱状饰；M2007石贝

1. 陶珠（M2008：18-1～M2008：18-3）

2. 骨管（M2008：78-1、M2008：78-2）

3. 骨棺钉（M2008：77-1、M2008：77-2）

4. 牙牛面饰（M2008：75）

5. 圆形蚌饰（M2008：20-1、M2008：20-2）

6. 蛤蜊壳（M2008：19-2、M2008：19-3）

M2008陶珠，骨管、棺钉，牙饰，蚌饰，蛤蜊壳

1. 虢姜鼎

2. 铭文

ⅡSG虢姜铜鼎（ⅡSG：1）

1. 虢姜鼎

2. 铭文

ⅡSG虢姜铜鼎（ⅡSG：2）

1. 虢姜鼎

2. 铭文

ⅡSG虢姜铜鼎（ⅡSG：3）

1. 虢姜鼎

2. 铭文

ⅡSG虢姜铜鼎（ⅡSG：4）

1. 虢姜鼎

2. 铭文

II SG虢姜铜鼎（II SG：5）

1. 虢姜鼎

2. 铭文

ⅡSG虢姜铜鼎（ⅡSG：6）

1. 素面鼎（ⅡSG：16）（明器）

2. 虢姜鬲（ⅡSG：7～ⅡSG：10）

ⅡSG铜鼎、鬲

1. 虢姜鬲

2. 铭文

ⅡSG虢姜铜鬲（ⅡSG：7）

1. 虢姜鬲

2. 铭文

ⅡSG虢姜铜鬲（ⅡSG：8）

1. 虢姜鬲

2. 铭文

ⅡSG虢姜铜鬲（ⅡSG：9）

1. 虢姜鬲

2. 铭文

ⅡSG虢姜铜鬲（ⅡSG：10）

ⅡSG虢姜铜方甗（ⅡSG：11）

1. ⅡSG虢姜铜方甗（ⅡSG：11）铭文

2. 重环纹簋（ⅡSG：17）

3. 瓦垅纹簋（ⅡSG：18）

ⅡSG铜方甗铭文，铜簋（明器）

ⅡSG虢姜铜圆壶（ⅡSG：12）

1. 盖铭

2. 器铭

ⅡSG虢姜铜圆壶（ⅡSG：12）铭文

ⅡSG虢姜铜圆壶（ⅡSG：13）

1. 盖铭

2. 器铭

Ⅱ SG虢姜铜圆壶（Ⅱ SG：13）铭文

1. 虢姜盘

2. 铭文

II SG虢姜铜盘（II SG：14）

1. ⅡSG：19

2. ⅡSG：20

3. ⅡSG：21

ⅡSG素面铜盘（明器）

ⅡSG號白（伯）吉口父匜（ⅡSG：15）

ⅡSG虢白（伯）吉□父匜（ⅡSG：15）铭文

1. 素面爵（ⅡSG：24）

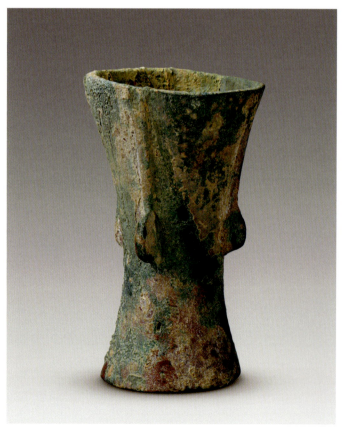

2. 素面觯（ⅡSG：22）

3. 素面觚（ⅡSG：23）

ⅡSG铜爵、觯、觚（明器）

ⅡSG重环纹铜鼎（ⅡSG：27）

1.修复后

2.修复前

ⅡSG重环纹铜鼎（ⅡSG：28）

1. 修复后

2. 修复前

ⅡSG "S" 形窃曲纹铜鼎（ⅡSG：29）

1. 修复后

2. 修复前

ⅡSG "C" 形窃曲纹铜鼎 （ⅡSG：30）

1. "S"形窃曲纹簋（ⅡSG：31）

2. 重环纹簋（ⅡSG：32）

ⅡSG铜簋

1. ⅡSG：33

2. ⅡSG：34

ⅡSG重环纹铜簋

ⅡSG凤鸟纹铜方壶（ⅡSG：35）

ⅡSG凤鸟纹铜方壶（ⅡSG：36）

1. 垂鳞纹小罐（ⅡSG：37）

3. 短胡二穿戈（ⅡSG：38）铭文（放大）

2. 短胡二穿戈（ⅡSG：38）

ⅡSG铜罐、戈

1. ⅡSG：39

2. ⅡSG：40

ⅡSG中胡三穿铜戈

1. 中胡四穿戈（ⅡSG：41）

2. 矛（ⅡSG：42）　　　　　3. 矛（ⅡSG：43）　　　　　4. 矛（ⅡSG：44）

ⅡSG铜戈、矛

1. 双翼外张形镞（ⅡSG：45-1）、
   双翼内收形镞（ⅡSG：45-2）

2. 兽首辖（ⅡSG：46、ⅡSG：48）

3. 素面辖（ⅡSG：50）

4. 衔（ⅡSG：54、ⅡSG：57、
   ⅡSG：62）

ⅡSG铜镞、辖、衔

1. 无首镳（ⅡSG：66、ⅡSG：67）

2. 龙首镳（ⅡSG：69、ⅡSG：70）

3. "日"形节约（ⅡSG：82-2）
"X"形节约（ⅡSG：82-1）

4. 络饰（ⅡSG：83-1、ⅡSG：83-2）

ⅡSG铜镳、节约、络饰

1. 泡形饰（ⅡSG：93-1～93-5）

2. 鱼（ⅡSG：84-1）

3. 鱼（ⅡSG：84-2）

ⅡSG铜泡形饰、鱼

1. 棺环（ⅡSG：85）

2. 双龙纹圆形饰（ⅡSG：86-1）

3. 长方形钮合页（ⅡSG：87）

4. 三通形构件（ⅡSG：91、ⅡSG：92）

ⅡSG铜棺环、圆形饰、合页、构件

1. 石圭（ⅡSG：94）

2. 石贝（ⅡSG：95-1）

3. 圆形蚌饰（ⅡSG：96-1）

4. 圆形蚌饰（ⅡSG：96-2）

ⅡSG石圭、贝，蚌饰

1. 重环纹鼎（98GM1：7）

2. 重环纹簋（98GM1：4）

98GM1铜鼎、簋（明器）

1. 素面盘（98GM1：5）

2. 重环纹盉（98GM1：6）

98GM1铜盘、盉（明器）

1. 长胡二穿戈（98GM1：11）

2. 窄叶矛（98GM1：1）

98GM1铜戈、矛

1. 波曲纹軎、辖（98GM1：2、98GM1：8、98GM1：3、98GM1：9）

2. 衔（98GM1：13、98GM1：14）

3. 蘑菇状帽首（98GM1：12）

98GM1铜軎、辖、衔、帽首

1. 口琀玉（98GM2：1）

2. 玉匕（98GM1：22）

3. 玛瑙珠（98GM1：18-1～98GM1：18-8）

4. 石贝（98GM1：17-1～98GM1：17-5）

5. 陶珠（98GM1：19-1～98GM1：19-8）

98GM2口琀玉；98GM1玉匕，玛瑙珠，石贝，陶珠